AF284471

Erkenntnistheorie für Einsteiger

– Philosophie Basiswissen –

Wie Sie die erkenntnistheoretischen Grundlagen leicht verstehen, alte Glaubenssätze und Vorurteile identifizieren und sich nachhaltig von ihnen befreien

Katharina Petzold

Alle Ratschläge in diesem Buch wurden sorgfältig erwogen und geprüft. Eine Garantie kann dennoch nicht übernommen werden. Eine Haftung des Autors beziehungsweise des Verlags für jegliche Personen-, Sach- und Vermögensschäden ist daher ausgeschlossen.

INHALT

Das erwartet Sie in diesem Ratgeber

Blut ist dicker als Wasser. Haben Sie diese Lebensweisheit schon einmal gehört oder sogar Ihr Handeln danach ausgerichtet? Wenn ja, wie hat das Ihr Leben beeinflusst?

Doch ist diese Lebensweisheit wahr? Gerade im aktuellen Zeitalter der Digitalisierung werden Sie Tag für Tag mit Lebensweisheiten, Meinungen und Vorurteilen konfrontiert. Doch, wie viel Wahrheit steckt in den verschiedenen Aussagen und wie werden Ihre Handlungen von diesem vermeintlichen Wissen beeinflusst? Wenn dies der Fall ist, dann ist dieser Ratgeber genau das Richtige für Sie. Dabei beginnt es mit der Frage, was Wissen überhaupt ist und wie der Mensch Erkenntnis erlangen kann. Dies ist eine der ältesten philosophischen Fragen und sie wird schon seit mehreren tausend Jahren von unterschiedlichen Philosophen beantwortet.

Deshalb werden Sie zunächst die philosophische Disziplin der Erkenntnistheorie kennenlernen. Dabei entdecken Sie unterschiedliche theoretische Ansätze, die erklären, wie Wissen erlangt werden kann. Im Anschluss daran wird die Wissenschaft als heutige Wissensquelle auf Basis der erkenntnistheoretischen Grundlagen hinterfragt. Schließlich werden Sie mittels Ihres neu erlangten Wissens Ihre Fähigkeit, zwischen Wissen und Meinung zu differenzieren, verbessern und somit Ihr Leben nicht mehr von ungewissen, wagen Aussagen leiten lassen.

Sie werden erlernen, alte Glaubenssätze und Vorurteile zu identifizieren und sich von ihnen zu befreien. Zudem lernen Sie eine Methode kennen, um unerwünschte Glaubenssätze gar nicht erst entstehen zu lassen. Somit werden Sie am Ende dieses Ratgebers nicht nur einige interessante Perspektiven entdeckt haben, sondern diese auch nutzen können, um ein selbstbestimmtes Leben zu führen.

Was ist Erkenntnistheorie?

Die Frage danach, was wir wissen können, ist eine der ältesten philosophischen Fragen überhaupt. Aus dieser ursprünglichen Frage ergab sich eine gesamte Disziplin der Philosophie: die Erkenntnistheorie. Diese sucht nach einer vom Individuum ausgehenden Begründung aller Erkenntnisse. Dabei soll eine unumstößliche Wahrheit aufgedeckt werden, welche die ganze Welt erklärt, von naturwissenschaftlichen Gesetzen über die Moral des Menschen bis hin zum Ursprung des Göttlichen.

Wie Sie sich sicher schon denken, ist der Umfang der möglichen Fragen rund um das Wissen und die Erkenntnis sehr groß, somit gibt es einige Fragen, die die Grundlage der meisten Erkenntnistheorien bilden. Im Zuge dessen wird vor allem betrachtet, wie Erkenntnis erlangt wird. Aber auch die Frage nach dem Umfang des möglichen Wissens und wie die Außenwelt beschaffen ist oder ob diese überhaupt existiert, nehmen einen großen Teil in Anspruch.

Doch was ist Erkenntnis? Erkenntnis beruht auf Wissen. Bereits der antike griechische Philosoph Platon definierte das Wissen als eine wahre, gerechtfertigte Meinung beziehungsweise Überzeugung. Diese Meinung muss nicht nur verifiziert, sondern auch auf einer schlüssigen Argumentation aufgebaut werden. Somit wäre zum Beispiel die Aussage, dass Sie die Lottozahlen gewusst haben, nach Platon nicht wahr. Sie können diese vielleicht richtig geraten haben, doch um sie zu wissen, bräuchten Sie eine schlüssige Argumentation, warum Sie gerade auf diese Zahlen getippt haben.

Aus Platons Definition ergeben sich erneut Fragen. Zum einen, was Wahrheit ist, und zum anderen, was eine ausreichende Rechtfertigung der angeführten Meinung darstellt.

Die traditionelle Definition der Wahrheit ist dabei auf Aristoteles zurückzuführen, welcher diese als Übereinstimmung des Gedankens und der Sache an sich beschrieb. Dabei existiert die Wahrheit unabhängig davon, ob Sie über das Wissen verfügen. Wenn Sie also behaupten, es existieren 100 Kühe in dem Ort, in dem Sie leben, so ist dieser Satz entweder wahr oder falsch. Seine Wahrhaftigkeit ändert sich jedoch nicht damit, ob Sie diese Kühe nun gezählt haben. Wenn die Wahrheit als Übereinstimmung mit der Sache gesehen wird, wird auch eine Übereinstimmung zwischen der von uns wahrgenommenen Welt und der tatsächlichen Welt vorausgesetzt. Doch wie weit stimmt die Realität, die wir wahrnehmen, mit der tatsächlichen überein? Diese Problematik stellt das Fundament der Erkenntnistheorie dar. In den unterschiedlichen Strömungen finden Philosophen verschiedene Antworten, auf denen sie ihre Theorien aufbauen.

Philosophische Vertreter der Erkenntnistheorie

Die Erkenntnistheorie lässt sich in mehrere Hauptströmungen aufteilen, zum Beispiel den Empirismus und den Rationalismus. Dabei basiert der Empirismus auf der Erkenntnis durch Erfahrungen und der Rationalismus auf der Erkenntnis auf Basis der Vernunft. Eine weitere Strömung ist der Skeptizismus, welcher die Existenz der Wahrheit abstreitet und sich somit dafür einsetzt, den zuvor beschriebenen Wahrheitsbegriff gänzlich aufzugeben.

Ähnlich ausgerichtet ist auch der kritische Rationalismus.

EMPIRISMUS UND RATIONALISMUS

Empirismus stammt von dem griechischen Wort empeiria ab und bedeutet Erfahrung. Dementsprechend sieht der Empirismus die Erfahrung als die wahre Quelle der Erkenntnis. Empiristen sind davon überzeugt, dass unser Wissen hauptsächlich auf Sinnes- und Selbstwahrnehmung aufgebaut wird.

Mit Selbstwahrnehmung ist in diesem Fall die Beobachtung der eigenen geistigen Tätigkeit gemeint. Ein Beispiel dafür wäre das Zweifeln. Zweifeln Sie etwa die Glaubwürdigkeit einer Person an und beobachten Ihren Geist zu diesem Zeitpunkt aktiv, so stellen Sie fest, dass Sie zweifeln können. Somit wird eine neue Erkenntnis, nämlich die des Zweifelns an sich, zu Ihren bisherigen Erkenntnissen hinzugefügt. Für Empiristen ist allerdings alles, was nicht durch die Erfahrung wahrgenommen wurde, nicht verifiziert, wie etwa alles Übernatürliche.

Die Wahrnehmungen bilden jedoch nur das Fundament der Erkenntnis. So wird der Verstand benötigt, um die Wahrnehmungen zu einem Gesamtbild zu kombinieren. Um allgemeine Ideen zu erklären, verwendet der Empirismus das Prinzip der Induktion, also die Abstraktion der Beobachtungen zu einer allgemeinen Theorie. Ein Beispiel für eine solche Induktion wäre die Aussage, dass alle Fische im Wasser leben.

So haben Sie zuvor immer wieder Fische beobachtet und alle diese Fische lebten ausschließlich im Wasser. Dementsprechend abstrahieren Sie die einzelnen Beobachtungen verschiedener Fische im Wasser zu der allgemeinen Theorie, nach welcher alle Fische im Wasser leben. Auch hier kommt der Verstand zum Einsatz. Folglich benötigt der Empirismus auch den Verstand, um Erkenntnis zu erlangen. Die Priorität beruht jedoch auf der Erfahrung. Dies begründen Empiristen wie John Locke mit der Annahme, dass nichts im Verstand sei, was nicht zuvor in den Sinnen gewesen ist. Dabei machen Empiristen allerdings sehr deutlich, dass wahres Wissen gleichbedeutend ist mit reinem Wissen. Nur reine Erfahrung, die nicht durch Vorurteile des Verstandes verunreinigt wurde, führe demnach zu wahrer Erkenntnis.

Im Gegensatz zum Empirismus wird im Rationalismus die Vernunft als Ursprung der Erkenntnis angesehen.

Der Rationalismus leitet sich von dem lateinischen Begriff *ratio* ab, dies bedeutet Vernunft. Rationalisten sehen in der sinnlichen Wahrnehmung kein sicheres Fundament, auf dem unser Wissen aufgebaut werden sollte. Sie zweifeln die Verlässlichkeit der Sinne an, da diese durch beispielsweise optische Täuschungen getäuscht werden können.

Da die Erfahrung nun keine neuen Erkenntnisse bringen kann, verwenden Rationalisten die Methode der Deduktion. Es wird von einer allgemeinen Theorie auf den Einzelfall geschlossen. Dabei wird also der Verstand verwendet, um Prognosen zu erstellen und somit eine logische Erkenntnis zu erlangen, da diese deduktiven Schlüsse stets der Logik folgen. Ein Beispiel für einen solchen deduktiven Schluss ist der Satz des Pythagoras, der für alle rechtwinkligen Dreiecke gilt. Wenn Sie nun ein ebenfalls rechtwinkliges Dreieck untersuchen, so können Sie die Prognose aufstellen, dass diese Seitenverhältnisse ebenfalls dem Satz des Pythagoras folgen werden.

DAS KONZEPT DES EMPIRISMUS NACH JOHN LOCKE

Im frühen 17. Jahrhundert erlebten die Naturwissenschaften einen starken Aufschwung. Dieser begann bereits in der frühen Neuzeit. Als eines der Schlüsselereignisse, die die Etablierung der Naturwissenschaften verursachten, gilt der Buchdruck. Dank diesem von Johannes Gutenberg in der zweiten Hälfte des 15. Jahrhunderts entwickelten Vorgang war die Verbreitung neuer Erkenntnisse deutlich einfacher als zuvor. Somit nahm auch die Möglichkeit, neue Erkenntnisse kritisch zu betrachten und mit unterschiedlichen Perspektiven zu vergleichen, zu. Die Naturwissenschaften waren auf der Suche nach Erklärungen für alltägliche Phänomene. Im Zuge dessen beschäftigte sich der Engländer John Locke mit der Frage, wie Erkenntnis erlangt werden kann. Er gilt als Begründer des Empirismus.

Um ein Konzept zu entwickeln, wie der Mensch Erkenntnis erlangt, beginnt Locke mit der Beschreibung der Beschaffenheit der menschlichen Seele vor der Geburt. Dabei geht Locke als Grundlage von einer Tabula Rasa aus. Tabula Rasa bedeutet aus dem Lateinischen übersetzt "glatt geschabte Tafel". Locke sieht den Geist also als eine Art unbeschriebenes Blatt, da er zu Beginn des menschlichen Lebens keine Erkenntnisse aufweist. Die Erkenntnisse werden durch Erfahrungen gewonnen. Diese Annahme begründet Locke dadurch, dass der Mensch, um zur Erkenntnis zu gelangen, zunächst ein gewisses Material benötigt, aus welchem Schlüsse gezogen werden können. Auch die Vernunft benötigt nach Locke zunächst etwas, worüber sie nachdenken kann. Somit ist die Erfahrung die Quelle des gesamten Materials des Denkens.

Diese Erfahrung unterteilt Locke in zwei Bereiche: in Sensation und Reflexion. Erstere beschreibt die Erkenntnis, die aus der sinnlich wahrnehmbaren Welt geschlossen wird. So nehmen Sie beispielsweise einen kalten Stein in die Hand und durch diese Temperaturwahrnehmung wird nun die Idee, die Sie von Kälte haben, in Ihren Geist aufgenommen. Ihre Vorstellung der Kälte wird nun auf das unbeschriebene Blatt, also die Tabula Rasa, geschrieben und Sie verfügen nun über diese einfache Idee.

Als Reflexion hingegen wird die Erkenntnis bezeichnet, die der Mensch durch die bewusste Wahrnehmung der geistigen Tätigkeit erlangt. Wenn Sie also einen Tee trinken, wird nicht nur die Süße des Tees durch Sensation als Idee in Ihren Geist aufgenommen, sondern auch die Tatsache, dass Sie etwas wahrnehmen, kann eine neue Idee erzeugen, wenn die Wahrnehmung, in diesem Fall das Schmecken, bewusst von Ihnen beobachtet wird.

Diese, durch Sensation und Reflexion gesammelten, passiven Beobachtungen werden in die Tabula Rasa als einfache Ideen aufgenommen. Dabei handelt es sich um einen für den Geist rein passiven Vorgang, er kann keine dieser einfachen Ideen selbst erzeugen. Einfache Ideen sind also viele einzelne Eindrücke. Durch die Kombination dieser formt der Geist die komplexen Ideen. So können Sie beispielsweise den Geruch einer Rose wahrnehmen, die Farbe und Form dieser betrachten und die Haptik dieser Rose spüren. Einzeln betrachtet haben Sie drei einfache durch Sensation gewonnene Ideen. Kombiniert ergibt sich die komplexe Idee dieser spezifischen Rose.

Auch bei Ideen von Relation spielt der Geist eine aktive Rolle. Bei diesen werden zwei Ideen in einen kausalen Zusammenhang gebracht, sie werden also gemäß dem Prinzip von Ursache und Wirkung miteinander verbunden. Dabei verschmelzen sie nicht zu einem Bild wie die komplexen Ideen, sondern sind lediglich miteinander vergleichbar. Um das Beispiel der Rose wieder aufzugreifen, so haben Sie bereits die komplexe Idee der Rose geformt. Finden Sie nun eine zweite

Rose, bildet diese wiederum eine komplexe Idee. Nun können Sie diese zwei komplexen Ideen miteinander vergleichen und dabei feststellen, dass beispielsweise die erste Rose eine hellere Farbe aufwies als die zweite. Somit haben Sie „heller" als eine Idee von Relation geschaffen.

Die dritte aktive, geistige Tätigkeit ist in den allgemeinen Ideen zu finden. Bei allgemeinen Ideen handelt es sich um abstrahierte komplexe Ideen. So können beispielsweise die komplexen Ideen Rose, Klee und Eiche zu der allgemeinen Idee der Pflanze geformt werden.

Mit der Vorgehensweise der induktiven Schlussfolgerung und der Beobachtung als Quelle der Erkenntnis schaffte Locke den Rahmen, auf dem alle empiristischen Erkenntnistheorien aufbauen. Dabei wird deutlich, dass der Empirismus den Verstand in die Erlangung von Erkenntnis einbezieht, die Priorität jedoch bei den Sinnen setzt.

Diese Ideen bilden unsere erlebte Wirklichkeit ab. Doch stimmen diese mit der Wirklichkeit überein?

Die Ideen werden im Menschen geformt und bilden somit die Inhalte unseres Bewusstseins. Die wirklichen Eigenschaften eines Körpers bezeichnet Locke als Qualität. Diese unterteilt er wiederum in zwei

Kategorien: die primären und sekundären Qualitäten. Die primären Qualitäten sind die tatsächlichen Eigenschaften eines Gegenstands. Sie sind unmittelbar mit einem Körper verbunden und können nicht von ihm getrennt werden, wie beispielsweise Ausdehnung oder Festigkeit eines Gegenstands. Diese primären Qualitäten werden nach Locke genauso durch Sensation wahrgenommen, wie sie in Wirklichkeit sind. Unsere Vorstellung entspricht also der Realität. Die sekundären Qualitäten hingegen erzeugen in uns die Eindrücke von Farben, Tönen oder Geschmäckern. Locke ist davon ausgegangen, dass diese Eigenschaften durch die Bewegung und die Gestalt von sehr kleinen, nicht wahrnehmbaren Partikeln erzeugt werden. Da diese nicht wahrnehmbar sind, gibt es, so Locke, Kräfte, die im Menschen trotzdem eine Wahrnehmung erzeugen. Diese Kräfte stellen die sekundären Qualitäten dar. Den Grund dafür, dass beispielsweise die Bewegung der Teilchen in uns eine bestimmte Empfindung auslöst, war im frühen 17. Jahrhundert noch nicht ergründlich.

Somit existiert die Welt für Locke so, wie wir sie wahrnehmen, da die primären Qualitäten untrennbar mit den Körpern verbunden sind. Die sekundären Qualitäten hingegen lösen im Menschen eine Empfindung aus und sind somit kein objektiver, sondern ein subjektiver Teil der Wirklichkeit.

RENÉ DESCARTES ALS BEGRÜNDER DES RATIONALISMUS

Ebenfalls von der vorangehenden Renaissance geprägt, äußerte René Descartes Kritik an dem Vorrang sinnlicher Eindrücke und stellte die Vernunft in den Vordergrund auf seiner Suche nach der Quelle der Erkenntnis.

Descartes' Überlegungen beruhen auf der Annahme, dass sich alles anzweifeln lässt. Den Sinnen vertraute er nicht, da sie beispielsweise durch optische Täuschungen getäuscht werden können. Somit schließt er die Sinne als verlässliche Quelle für die Erkenntnis aus. Zudem führt Descartes an, dass im Schlaf nicht zwischen Realität und Traum unterschieden werden könne. Warum also sollte dies nicht auch im wachen Zustand der Fall sein? Für Descartes hat die Wahrnehmung lediglich die Aufgabe, das Überleben zu sichern, nicht aber deutliche Erkenntnisse zu liefern. So ist sie sinnvoll, um eine Gefahr schnellstmöglich zu erkennen und so beispielsweise den Fluchtinstinkt zu aktivieren.

Dabei ist es jedoch nicht notwendig, dass die wahrgenommene Gefahr dem Abbild der Realität entspricht. Es reicht aus, dass sie die Lebensbedrohlichkeit eines Zustands abbildet. Somit verdeutlicht sich, dass es René Descartes bei seiner Theorie nicht auf die Handlungsfähigkeit des Menschen ankommt, es geht ihm um einen logischen Ursprung der menschlichen Erkenntnis.

„Cogito ergo sum – ich denke, also bin ich."

Die grundlegende Erkenntnis sieht Descartes darin, dass ein Ich existiert. Dies begründet er mit der Widersprüchlichkeit einer nicht existenten, jedoch denkenden Substanz. Da der Mensch jedoch sein eigenes Denken wahrnimmt, muss er auch existieren. Von dieser grundlegenden Erkenntnis stellt sich nun die Frage, wie dieses Wissen erweitert werden kann.

Dafür führt Descartes die Begriffe Klarheit und Deutlichkeit als Kriterien für die Verifikation von empirischem Wissen ein. Eine klare Erkenntnis beschreibt er dabei als eine sich unmittelbar im Bewusstsein zeigende Erkenntnis. Ein Beispiel dafür ist die Empfindung von Begeisterung. Diese zeigt sich klar in Ihrem Bewusstsein, da sie durch einen bestimmten Impuls hervorgerufen wird. Das Kriterium der Deutlichkeit kann die Empfindung von Begeisterung hingegen nicht erfüllen, da sich die Emotion der Begeisterung nicht präzise durch Beschreibungen greifen lässt. Es ist eine unsaubere Empfindung, die sich nicht eindeutig durch klare Linien von anderen Emotionen wie Fröhlichkeit oder Euphorie unterscheiden lässt. Descartes beschreibt Erkenntnisse somit als deutlich, wenn sie präzise zu beschreiben sind.

Um diese Kriterien der Klarheit und Deutlichkeit besser zu verdeutlichen, ist es empfehlenswert, sie auf ein Beispiel anzuwenden. Stellen Sie sich einen Gegenstand vor, von dem Sie denken, dass er sich deutlich beschreiben lässt. Dabei handelt es sich meistens um Dinge, die Sie sehen und anfassen können. In diesem Beispiel wird ein Eiswürfel betrachtet. Zunächst liegt dieser vor Ihnen auf dem Tisch im Schatten. Er hat eine meist eckige Form, Sie können seine Größe, Farbe und seine Oberfläche wahrnehmen.

Wenn Sie den Eiswürfel berühren, ist er kalt und glatt. Und wenn Sie auf ihn klopfen, ist er hart und es ist ein bestimmtes Geräusch wahrzunehmen. All diese sinnlichen Eindrücke können Sie deutlich beschreiben. Doch nun legen Sie den Eiswürfel in die Sonne und nach einiger Zeit beginnt der Eiswürfel, seine Gestalt zu verändern. Er wird größer und zerfließt letztendlich vollends. Die Kälte, die vor ein paar Augenblicken noch ein prägnanter Eindruck war, nimmt ab und verschwindet nach einiger Zeit vollends. Auch, wenn Sie nun erneut auf den Eiswürfel klopfen, ist ein anderes Geräusch zu vernehmen. Jedoch ist Ihnen klar, dass es sich bei der Pfütze vor Ihnen immer noch um den Eiswürfel handelt.

Somit stellt sich Descartes die Frage, was denn nun den Eiswürfel als solchen zu erkennen gibt, wenn es nicht die sinnlichen Wahrnehmungen sind. Also schlägt er vor, einmal alles von diesem Eiswürfel wegzudenken, was sich verändert. Das Einzige, was dann bleibt, ist ein ausgedehntes Ding, das sich verändert. Denn alle anderen Eigenschaften sind dieser Veränderung untergeordnet. Doch versuchen Sie nun, sich die Ausdehnung des Eiswürfels vorzustellen.

Würden Sie diesen immer weiter erhitzen, wird er selbstverständlich zuerst flüssig und dann gasförmig. Doch ab diesem Punkt endet die Vorstellungskraft und sobald sich der Wasserdampf im Raum verteilt oder weiter erhitzt wird, können Sie sich den Wasserdampf nicht mehr vorstellen, jedoch immer noch wissen, dass es sich einmal um den Eiswürfel gehandelt hat. Aus dieser mangelnden Vorstellungskraft der sinnlichen

Erfahrung folgert Descartes, dass klare und deutliche Erkenntnisse mit dem Geist wahrgenommen werden. Denn das Einzige, das sich nicht verändert, ist die Auffassung, dass es sich immer noch um dasselbe Eis handelt. So geht Descartes davon aus, dass wir Dinge an sich nur durch unser Urteilsvermögen erfassen können und nur diese Erkenntnis klar und deutlich sein kann.

Da eine solche Erkenntnis nicht einfach ist, richtet sich Descartes zuerst auf sein Innenleben. Um Erkenntnis zu erlangen, werde ein geistiger Einblick benötigt. Nun sind in dem menschlichen Bewusstsein nicht ausschließlich Erkenntnisse zu finden. Es handelt sich vielmehr um eine Ansammlung fantastischer Vorstellungen, sinnlicher Eindrücke, aber auch angeborener Ideen. Letztere sind für Descartes der Schlüssel, um unsere Erkenntnis zu erweitern.

So zeigt sich die bereits erläuterte angeborene Idee des Ichs klar und deutlich im menschlichen Verstand. Auch eine Außenwelt existiert nach Descartes. Mit ihrer Existenz geht er nun von zwei Substanzen aus, die sich in der Welt unterscheiden. Dies ist zum einen die denkende Substanz, die er als *res cogitans* bezeichnet, zum anderen die körperliche Substanz *res extensa*. Die körperliche Substanz beschreibt Descartes dabei als Ausdehnung. Diese liegt allen anderen Eigenschaften, mit Ausnahme des Denkens, zugrunde und setzt die Körper und die Natur in eine Beziehung. Zudem kann sich der menschliche Geist Dinge nur in einem ausgedehnten Zustand vorstellen. Ebenso sind fortschreitende Bewegungen nur im ausgedehnten Raum wahrnehmbar.

Um nun sichere Erkenntnisse zu gewinnen, hat Descartes den methodischen Zweifel aufgebaut. Dabei beginnt er damit, alles anzuzweifeln, was nicht bewiesenermaßen wahr ist. Praktisch bedeutet dies, die eigenen Urteile auf ihre Klarheit und Deutlichkeit zu überprüfen, um Vorurteile oder voreilige Schlüsse zu vermeiden. Als zweiten Schritt führt Descartes an, jedes Problem in so kleine Teile zu unterteilen, dass diese einzeln einfacher zu lösen sind. Diese Probleme nach ihrer Schwierigkeit zu ordnen, ist der dritte Schritt.

Es wird mit dem Problem begonnen, das am leichtesten zu verstehen ist. Am Ende kann aus der Zusammensetzung aller Probleme eine allgemeine Erkenntnis des Sachverhaltes geschaffen werden und die Wahrscheinlichkeit, sich zu irren, wird minimiert, da die schwierigeren Erkenntnisse auf den einfacheren aufbauen. Als letzten Schritt weist Descartes darauf hin, dass diese Methode nur dann funktioniert, wenn nichts vergessen wird, da die Erkenntnis, die erlangt wird, ansonsten nicht eindeutig oder fehlerhaft sein kann.

Zur Verdeutlichung der Methode wird nun einmal der methodische Zweifel an Descartes grundlegender Erkenntnis „Ich denke, also bin ich" durchgeführt. Nun ist dieses Urteil auf seine Klarheit und Deutlichkeit zu überprüfen. Da Descartes davon ausgeht, dass der Verstand durch die Fähigkeit des Denkens dazu imstande ist, Dinge zu erkennen, ist es leicht, durch dieses Denken an sich den Geist beziehungsweise den Verstand klar und deutlich wahrzunehmen.

Die Aussage setzt sich aus den Begriffen 'ich', 'denken' und 'sein' zusammen, die durch das Wort 'also' in einer Beziehung zueinanderstehen. Damit diese Beziehung zustande kommt, werden also zunächst die einzelnen Begriffe 'ich', 'denken' und 'sein' überprüft. Dabei wird mit dem einfachsten Problem, in diesem Fall das Denken, begonnen. Danach wird das Sein auf seine Klarheit und Deutlichkeit überprüft und im Anschluss das Ich. Erst danach wird die Beziehung zwischen den einzelnen Bestandteilen betrachtet.

Zu Beginn steht nun das Denken. Dies ist recht einfach auf seine Wahrhaftigkeit zu überprüfen, denn bei dem Prozess des Denkens handelt es sich um die geistige Operation, mit der diese Methode durchgeführt wird. Es zeigt sich also klar in Ihrem Bewusstsein und ist deutlich als geistige Tätigkeit zu benennen. Somit kann sich nun dem Sein zugewendet werden. Das Sein ist die Existenz eines Sachverhaltes. Folglich nehmen Sie in diesem Moment Ihre eigene Existenz wahr, denn wenn Sie nicht existieren würden, würden Sie auch nicht wahrnehmen. Somit kann nun der Begriff des Ichs betrachtet werden. In diesem Fall handelt es sich bei dem Begriff des Ichs um das denkende Individuum in dieser Methode, also das Subjekt, zu dem der Verstand, der gerade denkt, gehört. Somit sind, zumindest nach Descartes' Interpretation, alle Einzelbestandteile der Aussage für klar und deutlich befunden. Dementsprechend gilt es nur noch, ihren Zusammenhang zu überprüfen. Dieser wurde bereits in der Argumentationskette aufgezeigt, so ist es widersprüchlich, dass etwas nicht Existentes denkt, denn um zu denken, muss es existieren. Da er dieses Denken klar mit dem eigenen Verstand wahrnimmt, schreibt Descartes dieses Denken dem eigenen Geist und somit dem Ich zu.

IMMANUEL KANT: DIE KOMBINATION DES EMPIRISMUS UND RATIONALISMUS

Werden die beiden Theorien des Empirismus und Rationalismus betrachtet, so scheinen sie auf den ersten Blick konträr. Dies führt im 18. Jahrhundert zu einem Problem, da sich beide Theorien in der wissenschaftlichen Arbeitsweise widerspiegeln. So erweist sich die empirische Erfahrung als gutes Mittel, um die wissenschaftliche Forschung zu verfolgen. Die rationalistischen, mathematischen a priori Grundlagen tragen jedoch ebenfalls zum Fortschritt bei. Somit hat es sich Immanuel Kant zur Aufgabe gemacht, die beiden Theorien zu kombinieren und ein schlüssiges Gesamtbild zu erzeugen.

Kant geht davon aus: „Gedanken ohne Inhalt wären leer, Anschauung ohne Begriffe wären blind". Mit dieser Aussage schafft er eine Verbindung zwischen dem Empirismus und dem Rationalismus, indem Kant sowohl der sinnlichen Wahrnehmung als auch dem Verstand das gleiche Maß an Wichtigkeit zuschreibt. In der Kritik der reinen Vernunft erklärt Kant, dass der Mensch zwei Quellen der Erkenntnis besitzt. Als passiven Teil des Erkennens führt Kant die Rezeptivität beziehungsweise die Sinnlichkeit an. Diese hat die Aufgabe, Inhalte aufzunehmen und diese im Bewusstsein anzuzeigen. Der aktive Teil des Erkennens wird nach Kant durch die Spontaneität, also den Verstand, vollzogen. Dieser hat die Aufgabe, die Inhalte, die durch die Rezeptivität aufgenommen wurden, richtig einzuordnen. So reicht es Kant nicht aus, einen Hund zu sehen, dieser Teil allein ist für ihn keine Erkenntnis, der Hund muss auch als eben jener eingeordnet werden. Im Umkehrschluss würde es keine Erkenntnis bringen, den Begriff des Hundes zu kennen, ohne je einen Hund wahrgenommen zu haben.

Um Kants Erkenntnistheorie besser zu verstehen, ist es sinnvoll, einmal alles im Zusammenhang zu sehen. So geht Kant von einer existenten grundlegenden Wirklichkeit aus, die für uns unbegreifbar ist. Diese nennt er die Dinge an sich. Die Welt, die durch den Menschen wahrgenommen werden kann, beschreibt Kant als durch Naturgesetze miteinander verbundene Objekte. Über diese Gesetze und Objekte können wir klares Wissen erlangen.

Dabei unterteilt Kant sein Erkenntnisvermögen in den Verstand und die Sinnlichkeit. Beide Kategorien werden wiederum in apriorische und empirische Erkenntnisse unterteilt. Apriorische Erkenntnisse des

Verstandes, also angeborene Begriffe, sind die Grundbegriffe des Denkens. Diese Begriffe bezeichnet Kant als Kategorien, da diese Begriffe Ihnen ermöglichen, Ihre Gedanken zu gliedern. Ein Beispiel einer solchen Kategorie ist das Verständnis von Kausalität. Es ist sehr wichtig, um Begriffe mittels einer "Ursache und Wirkung"-Verbindung miteinander zu verknüpfen.

Diese Kategorien ermöglichen dem Menschen, die Welt zu gliedern und zu ordnen. Dabei sieht Kant in der Kausalität die Möglichkeit, zwischen einzelnen Erfahrungen eine objektive Verbindung zu erzeugen. Diese betrachtet er als objektiv, da jeder Mensch die Möglichkeit besitzt, einen einheitlichen Zusammenhang seiner Erfahrungen zu erzeugen. Empirische Erkenntnisse des Verstandes definiert Kant als Erfahrungsbegriffe. So wäre der allgemeine Begriff des Hundes ein empirischer Begriff, welcher Erfahrungen beschreibt und sich somit auf die wahrnehmbare Welt bezieht.

Des Weiteren entwickelt Kant die Kategorie der reinen Begriffe, welche sich nicht auf die wahrnehmbare Welt, sondern nur auf die reine Anschauung beziehen. Diese Begriffe sind angeborene, also apriorische Begriffe der Sinnlichkeit. So folgert Kant, dass jeder Mensch eine ähnliche Vorstellung von Raum und

Zeit hat. Durch dieses räumliche Vorstellungsvermö-
gen können auch geometrische Strukturen bereits
apriorisch in der Vorstellung existieren. Somit formen
sowohl mathematische Begriffe als auch die Vorstellung von Zeit und Raum reine Begriffe, die die wahrgenommene Welt strukturieren. Stellen Sie sich beispielsweise unterschiedlichste Dreiecke vor, so wird
jedes dieser Dreiecke eine Innenwinkelsumme von
180° aufweisen. Mit dieser Vorstellung und der Erkenntnis über die Gemeinsamkeit aller Dreiecke haben
Sie einen reinen Begriff geschaffen. Abschließend sind
die empirischen Erkenntnisse der Sinnlichkeit die
Wahrnehmungen, wie beispielsweise die bloße Wahrnehmung eines Stuhls.

Für Kant beruht unser Wissen also nicht nur auf
der Vorstellung, sondern auf Urteilen. So ist die allei-
nige Vorstellung eines Begriffes für ihn nichts Wis-
senswertes, solange dieser Begriff nicht eingeordnet
ist. Eine bloße Anhäufung von Fakten helfe dem Menschen nicht, die Welt um sich herum zu verstehen,
wenn diese nicht miteinander verknüpft und in einen
kausalen Zusammenhang gebracht werden.

Dabei unterscheidet Kant zwischen analytischen
und synthetischen Urteilen. Um diese voneinander zu
trennen, definiert er zunächst das Urteil an sich. Ein

Urteil ist eine Aussage, bei der ein Subjektbegriff durch einen Prädikatsbegriff beschrieben wird. Ein Beispiel dafür wäre "Ein Hund ist ein Tier". Dabei ist der Begriff des Hundes der Subjektbegriff, welcher durch den Prädikatsbegriff des Tieres genau erläutert wird.

Analytische Urteile sind nun Aussagen, in denen der Prädikatsbegriff bereits in dem Subjektbegriff enthalten ist. So könnten Sie auch durch bloße Analyse des Subjektbegriffs die Aussage rekonstruieren. Ein analytisches Urteil zerlegt den Subjektbegriff also lediglich und fügt diesem nichts Neues hinzu. Ein sehr bekanntes Beispiel für ein solches analytisches Urteil ist die Aussage „Junggesellen sind unverheiratet." Wird nun die Definition des Wortes Junggeselle betrachtet, so handelt es sich um einen unverheirateten Mann. Die Aussage „unverheiratet sein" ist somit bereits im Subjektbegriff des Junggesellen enthalten. Analytische Urteile werden dementsprechend auch aus begrifflichen Gründen als wahr definiert.

Komplementär dazu sind synthetische Urteile Aussagen, in denen der Prädikatsbegriff den Subjektbegriff erweitert. Somit können synthetische Aussagen unser Wissen erweitern und zu neuer Erkenntnis führen.

Analytische und synthetische Urteile beziehen sich also auf das Verhältnis von Begriffen zueinander. Um die Art der Rechtfertigung über den Wahrheitsgehalt einer Aussage zu beschreiben, definiert Kant zwei Urteilskategorien. So unterscheidet er zwischen apriorischen Urteilen und aposteriorischen Urteilen. Erstere sind Urteile, die ohne den Einbezug von empirischen Ergebnissen gerechtfertigt werden. Um diese Aussagen zu rechtfertigen, werden Beweise verwendet. Beweis meint in diesem Fall einen mathematischen Beweis, welcher nicht bloß empirisch bestätigt wird, sondern durch logische Herleitung erfolgt.

Diese Begriffskategorien verwendet Kant, um seine Erkenntnisse präzise zu gliedern und zu definieren. So zählen zu den analytischen Erkenntnissen a priori die Begriffsanalysen. Diese sind zwar notwendig, um die Wirklichkeit zu definieren, bringen allerdings keine empirischen Erkenntnisse hervor, da analytische Urteile a posteriori nach Kant nicht möglich sind. Ein analytisches Urteil kann nicht aus der Erfahrung geschlossen werden, weil dafür eine Erweiterung des Begriffes notwendig wäre und es sich somit nicht mehr um ein analytisches, sondern um ein synthetisches Urteil handeln würde. Synthetische Urteile hingegen können a posteriori getroffen werden und finden sich in empirischen Sätzen der Wissenschaft wieder. Jedoch liegt der Schlüssel der Erkenntnis für Kant in den synthetischen Urteilen a priori begründet. Zu ihnen zählen die meisten mathematischen Sätze. Diese beschreiben zum Beispiel die reine Anschauung der Geometrie. Auch Naturwissenschaften haben zum Teil einen apriorisch synthetischen Charakter. So baut die Physik ihre grundlegenden Begriffe der Kräfte und Masse auf mathematischen Begriffen der reinen Anschauung auf, indem sie Zahlen und Vektoren verwenden.

Da viele naturwissenschaftliche Theorien auf den synthetischen Urteilen a priori aufbauen, geht Kant davon aus, dass die empirischen Gesetze zumindest in Teilen mit der reinen Anschauung übereinstimmen.

KATHARINA PETZOLD

Die Erkenntnistheorie als Grundlage der Wissenschaft?

WORIN UNTERSCHEIDEN SICH ERKENNTNISTHEORIE UND WISSENSCHAFT?

Sowohl die Philosophie als auch die Naturwissenschaft suchen nach einem Weg, die Welt besser zu verstehen. Dabei sind sich beide Disziplinen einig, dass der Schlüssel zum Verständnis der Welt im Wissen begründet liegt. Doch die Vorgehensweise der beiden unterscheidet sich. Während sich die

Erkenntnistheorie mit der Frage beschäftigt, wie beziehungsweise, ob Erkennen möglich ist, ist es das Ziel der Naturwissenschaften, Wissen und Zusammenhänge über die von uns wahrgenommene Welt zu generieren. Die Erkenntnistheorie tritt somit einen Schritt hinter die Naturwissenschaften und hinterfragt, ob dieses erlangte Wissen überhaupt über Wahrheitsgehalt verfügen kann. Dabei sind die Naturwissenschaften aus der Philosophie entstanden. So leiten sich die heutigen Naturwissenschaften aus der Naturphilosophie ab, welche das Ziel hatte, die Natur in ihrer Gesamtheit zu begreifen. Somit verfolgten Sie zwar ein sehr ähnliches Ziel, die analytische Methodik, welche die Naturwissenschaften als solche ausmacht, kam jedoch erst mit der Renaissance. Somit entwickelten sich die Naturwissenschaften als ein eigenständiges Gebiet.

DER POSITIVISMUS IN ANLEHNUNG AN DIE WISSENSCHAFT

Die Wissenschaft gilt als verlässliche Quelle grundlegender Phänomene. Somit ist es nicht verwunderlich, dass sich einige Philosophen an den Naturwissenschaften orientieren, um ein neues Konzept der Erkenntnistheorie zu entwickeln. Dabei handelt es sich um den Positivismus. Der logische Empirismus ist dabei eines der wichtigsten Teilgebiete des Positivismus und wurde Anfang des 20. Jahrhunderts entwickelt.

Positivisten versuchen, den logischen Aufbau der Welt zu begreifen. Dabei bilden sogenannte Basissätze die Grundlage. Diese werden durch Beobachtungen geformt. So wäre ein Beispiel für einen solchen Basissatz „Lasse ich den Apfel los, so fällt er nach unten". Positivisten sehen die moderne Logik als Mittel, um Beziehungen zwischen den Basissätzen herzustellen. Aus diesen können alle wissenschaftlichen Theorien über die Welt erklärt werden. Logik in diesem Fall meint die Regeln für den konkreten Gebrauch von Sprache und Mathematik.

Positivisten unterscheiden zwischen sinnvollen und sinnlosen Aussagen. Als Mittel, um die Sinnhaftigkeit eines Satzes zu bestimmen, wird die Verifikation, also die Bestätigung als wahr, mittels der Erfahrung verwendet. Somit wäre der Satz „es ist bewölkt" sinnvoll, da er durch die direkte Beobachtung verifiziert werden kann. Für Positivisten reicht allerdings schon die bloße Möglichkeit der Verifikation aus. So ist der Satz „am 19. Oktober 1517 war es in Wittenberg bewölkt" ebenfalls verifizierbar, da es damals einen potenziellen Beobachter hätte geben können. Der Satz „es existiert eine unsterbliche Seele" hingegen ist nicht verifizierbar, da es in diesem Fall keinen Beobachter gibt, der die Existenz einer unsterblichen Seele verifizieren kann.

Doch genau wie Naturwissenschaftler suchen auch Positivisten nicht nur nach einzelnen verifizierten Sätzen, sondern nach allgemeingültigen Gesetzen. Diese werden, wie im Empirismus, induktiv aus den Basissätzen abgeleitet. Dabei ergibt sich jedoch das Induktionsproblem. Dieses besagt, dass egal durch wie viele Beobachtungen ein Gesetz bereits bestätigt wurde, es immer sein könnte, dass es in der Zukunft widerlegt wird. Dieses Problem löste der Philosoph Hans Reichenbach, indem er die durch Induktion gewonnenen Erkenntnisse nicht als unumstößliches Gesetz, sondern als „Setzung" betrachtet.

Eine solche Setzung bedeutet, dass ein Satz als wahr angenommen wird, obwohl nicht klar ist, dass dieser wahr ist. Dabei wird jedoch nicht jede Setzung gleichermaßen behandelt, sie wird ihrer Wahrscheinlichkeit nach bewertet. Setzungen, die mit einer höheren Wahrscheinlichkeit eintreffen, sind also die besseren. Folglich ist es sinnvoll, diese so zu formulieren, dass sie sich möglichst häufig als zutreffend erweisen.

Nach dem Prinzip der Setzung arbeitet auch die Wissenschaft. So wurden lange Zeit die Atome als kleinste unteilbare Teilchen bezeichnet. Diese Annahme wurde erst 1897 durch den Physiker Joseph J. Thomson revidiert. Thomsons Experimente zeigten, dass Atome noch kleinere Teilchen, die Elektronen, enthalten und somit weiter teilbar sind. Dieses neue Atommodell wurde als neue Setzung anerkannt, bis es ebenfalls revidiert wurde.

KARL POPPER ALS VERTRETER DES KRITISCHEN RATIONALISMUS

Im 20. Jahrhundert entwickelte Karl Reimund Popper den kritischen Rationalismus. Popper ging davon aus, dass all das Wissen, über das die Menschen verfügen, fehlbar sein könnte. Dieses Wissen schließt auch das Wissenschaftliche ein, dementsprechend führt Popper eine rationale Methode an, um die Theorien der Wissenschaft zu prüfen.

Da sich nun auch Popper intensiv mit der Wissenschaftstheorie auseinandersetzt, kommt er ebenfalls auf das Induktionsproblem zurück. Dabei setzt er nicht wie einige Positivisten auf die Methode der Setzung oder Verifikation, sondern auf die Falsifikation der Theorie. Popper schlägt also vor, dass die Wahrhaftigkeit einer Theorie überprüft wird, indem diese immer wieder empirisch zu widerlegen versucht wird.

Dieses Verfahren bezeichnet Popper als deduktive Methodik der Nachprüfung. So schlägt er vor, eine neue Theorie zu überprüfen, indem zunächst mögliche Prognosen, die aus der Theorie folgen könnten, deduziert, also vorhergesagt werden. Bei dieser Vorhersage können bereits bewährte Sätze verwendet werden, allerdings sollten die Prognosen dabei nicht von den bewährten Sätzen, sondern von der neuen Theorie abgeleitet werden. Diese Prognosen sollten zudem möglichst leicht experimentell überprüft werden können.

Wird die Prognose nun in mehreren Zusammenhängen verifiziert, so gilt sie als bewährter Teil der Theorie. Wird die Prognose jedoch falsifiziert, so wird die Theorie, aus der sie abgeleitet wurde, als falsch betrachtet. Popper macht jedoch sehr deutlich, dass eine Verifikation keinesfalls heißt, dass diese Theorie nun wahr ist, sie gilt nun lediglich als wahrscheinlicher. Jedoch gibt sich Popper nicht mit dieser kurzweiligen Überprüfung zufrieden. Eine Theorie sollte immer wieder durch Falsifikation überprüft werden.

Durch eine solche Vorgehensweise werden Fehler schneller verdeutlicht und die Theorie kann effizienter verbessert werden als durch eine bloße Verifikation. So hält es Popper nicht für sinnvoll, eine Theorie, die durch Induktion entsteht, immer wieder aufs Neue zu verifizieren und somit zu bekräftigen, da ein solches Vorgehen keine Gewissheit bringt.

Ein Beispiel dafür wäre, dass Sie jeden Tag an einen See fahren und dort weiße Schwäne beobachten. Nachdem Sie auch an anderen Seen nur weiße Schwäne beobachten konnten, stellen Sie die Theorie auf, dass alle Schwäne weiß sind. Diese induzierte Theorie würde sich durch viele weitere weiße Schwäne verifizieren. Dabei erhalten Sie allerdings keine Gewissheit, dass wirklich alle Schwäne weiß sind, da Sie schließlich nie alle Schwäne beobachtet haben werden.

Um dieses Problem zu umgehen, schlägt Popper vor, die Theorie nicht zu bestätigen, sondern zu falsifizieren. Statt Ihre These also durch passive Beobachtung zu verifizieren, durch die aktive Suche nach einem Gegenbeispiel zu falsifizieren. In diesem Beispiel wäre es die aktive Suche nach einem Schwan mit einem andersfarbigen Gefieder.

SIND WISSENSCHAFTEN IN DER LAGE, OBJEKTIVE ERKENNTNISSE ÜBER DIE WELT ZU TREFFEN?

Die Naturwissenschaften sind möglicherweise nicht in der Lage, die wahre Realität aufzudecken. Allerdings sind sie sehr wohl in der Lage, unsere Wirklichkeit zu greifen und bilden derzeit das Wahrheitsähnlichste ab, das dem Menschen zur Verfügung steht. Da die Menschen aktuell also über keine bessere Methode verfügen, um die Welt zu verstehen, sollten wir uns, so Popper, an die wahrscheinlichste Theorie, also die Naturwissenschaften, halten.

Auch die zuvor behandelten Philosophen sehen die Wissenschaft als Mittel der Wahl, um Schlüsse über die von uns wahrgenommene Wirklichkeit zu ziehen. Trotz der Tatsache, dass die Wissenschaft keine klare Erkenntnis über die wahre Welt an sich bringt, hilft sie zumindest, unsere Realität zu erklären.

Aus Sicht des Empirismus ist es nachvollziehbar, dass die sinnliche Wahrnehmung wissenschaftlicher Theorien objektive Erkenntnis bringt, da sie durch empirische Experimente und induktive Schlüsse verifiziert werden.

Auch der Vertreter des Rationalismus René Descartes spricht den Naturwissenschaften eine Rolle in der Erkenntnis zu. So sind die Beschaffenheit und die Bewegung eines Körpers klar und deutlich. Sie sind klar im Bewusstsein, da sie auf den Lehrsätzen der Geometrie beruhen, und deutlich, da sie mit präzisen mathematischen Begriffen beschrieben werden können.

Auch Immanuel Kant spricht den Wissenschaften einen gewissen Wahrheitsanspruch zu. Dabei priorisiert er die Physik, da sich die Begriffe der Physik mit mathematischen Begriffen beschreiben lassen und somit Anteile von synthetischen, apriorischen Urteilen enthält. Kant befürwortet somit die im 16. Jahrhundert aufkommende Methode der wissenschaftlichen Arbeit und macht sie für den rasanten Aufschwung der Wissenschaft verantwortlich. Nach dieser Methode wird zunächst eine Hypothese unter Verwendung mathematischer Zusammenhängen aufgestellt, anschließend wird diese empirisch geprüft. Dabei macht Kant jedoch deutlich, dass die Wissenschaft zwar eine sehr gute Herangehensweise ist, um die vom Menschen mittels Sinn und Verstand wahrnehmbare Welt zu erfassen, allerdings bringt auch die Wissenschaft keine Erkenntnisse über die Dinge an sich.

Die Anwendung erkenntnis- theoretischer Grundlagen im Alltag

WELCHEM WISSEN SOLLTEN SIE VERTRAUEN?

Nach all diesen Ausführungen fragen Sie sich vielleicht, welchem Wissen Sie überhaupt noch vertrauen können. Optische Täuschungen kennen wir alle, doch sollten die Sinne wegen eines Fehlers verworfen werden und ist die Erkenntnis allein mit dem Verstand wirklich sinnvoll? Oder kann Ihr Verstand vielleicht auch getäuscht werden?

Selbst wenn die Sinne keine klare Erkenntnis über die Welt an sich bringen würden, so lebt der Mensch in seiner eigenen Realität und in dieser ist es vollkommen legitim, die Sinne als Quelle der Erkenntnis ebendieser eigenen Welt zu verwenden. Dabei sollten Sie sich bewusst machen, dass Ihre Wahrnehmung keine objektive Darstellung der Realität ist, genauso wenig, wie die der Menschen, die Sie umgeben. Um sich an der Erkenntnistheorie im Alltag zu orientieren, ist folglich Kants Theorie als Mischung des Rationalismus und Empirismus das Mittel der Wahl.

Denn bei der subjektiven Wahrnehmung der Realität geht es nicht nur um wahrhaftige Täuschung der Sinne, vielmehr, so der Oxford Experimentalpsychologe Robin Murphy, wird unsere Realität durch einen Wahrnehmungsfilter wahrgenommen. Dieser besteht beispielsweise aus Vorurteilen. Somit wäre die Idee der Empiristen, dass wahre Erkenntnis nur durch vorurteilsfreie, sinnliche Erfahrung erlangt werden kann, sehr schwer umsetzbar. Für eine solche Erfahrung müsste sich der entsprechende Empirist zunächst von allen Vorurteilen befreien. Dies ist zwar möglich, aber ein sehr langer Weg, der in empiristischen Erkenntnistheorien keine Erwähnung findet. So sehen Sie Ihre eigenen Vorurteile immer wieder in Ihrer Realität bestätigt, da Sie diese bereits als wahr angenommen haben.

Ein sehr weitverbreitetes Vorurteil in der heutigen Gesellschaft ist der Rassismus. So besitzen einige Menschen das Vorurteil, alle Geflüchteten seien kriminell. Dabei führen sie als Argumentation einen Artikel an, in dem von einer Vergewaltigung durch einen Geflüchteten berichtet wird. Dabei ist es egal, ob sie noch am selben Tag eine nette Konversation mit einem Geflüchteten hatten, diese wird von der entsprechenden Person als Ausnahme abgespeichert, anstatt das Vorurteil zu revidieren. Dafür kann die entsprechende Person gar nicht viel. Vorurteile entspringen dem Unterbewusstsein und können somit nicht einfach gelöscht werden. Es ist jedoch Ihre bewusste Entscheidung, sich aktiv gegen dieses Vorurteil zu stellen und Ihrem Verstand nicht blind zu vertrauen.

Um das Problem, dass Ihre Handlungen durch das Unterbewusstsein beeinflusst werden, zu umgehen, sollten Sie sich Ihrer eigenen Vorurteile bewusst werden. Das ist ein Schritt, der nicht sehr angenehm ist, denn Vorurteile sind ein Teil des Lebens, der nicht gern gesehen ist und häufig abgestritten wird. Doch wenn Sie sich umschauen, sehen Sie um sich herum viele Menschen, die von Ihren Vorurteilen geleitet werden. Es ist ein Mechanismus, der das Denken im Alltag reduziert und diesen somit einfacher macht. Denn eine stigmatisierte Zuordnung Ihres Gegenübers verbraucht weniger Kraft, als sich aktiv mit der Person auseinanderzusetzen.

Allerdings können Sie sich durch diese kategorische Sichtweise auch selbst im Weg stehen. Wenn Sie beispielsweise in Ihrer Kindheit einen Mitschüler aus guten Verhältnisse hatten, der sich mit dem Reichtum seiner Eltern profiliert und sich zudem abschätzig Ihnen gegenüber verhalten hat, so formt sich in Ihrem Unterbewusstsein das allbekannte Vorurteil „Geld verdirbt den Charakter". Aus diesem Vorurteil hinaus schaffen Sie es womöglich nie, eine gesunde Beziehung zum Geld aufzubauen. Sie sabotieren sich selbst, damit Ihre Realität in dieses Vorurteil passt. Somit sollten Sie nicht nur die Sinne, sondern auch Ihren eigenen Verstand hinterfragen.

Kritisches Denken ist sehr wichtig, jedoch sollte dies nicht willkürlich geschehen. Theorien zu hinterfragen ist ein wichtiger Teil des wissenschaftlichen Fortschritts. Allerdings sollten die Beweise einer

Theorie hinterfragt, jedoch nicht grundlos abgestritten werden. Denn unbegründete Kritik kann sehr viel Schaden anrichten. So kann beispielsweise die Chemophobie verheerende Folgen mit sich ziehen. Chemophobie ist definiert als die irrationale Angst vor Chemikalien.

Dabei ist die Irrationalität der Angst meist auf die Überschätzung der Gefahrenlage der Chemikalie, trotz gegensätzlicher Beweise, zurückzuführen. Ein sehr aktuelles Beispiel ist die Kritik an der Krankheit Covid-19. So ist es wichtig, dass eine neue Theorie kritisch zu hinterfragen und getestet wird, doch sie schlichtweg abzulehnen, kann sehr gefährlich enden. Bei der Kritik wissenschaftlicher Erkenntnisse, wie im Beispiel der Impfung, sollte sich die Frage gestellt werden, was passiert, wenn jemand an dieser Krankheit stirbt.

Die möglichen Folgen der Krankheit sollten also bei der kritischen Betrachtung des Impfstoffes berücksichtigt werden. Sollten Sie die Wirksamkeit dieser Impfung anzweifeln, so sollten Sie sich fragen, welcher Beweis erbracht werden müsste, damit Sie von der Wirkung überzeugt wären. Im Beispiel der Masernimpfung gibt es auch nach jahrelanger Bewährung des Impfstoffes und einer deutlichen Eindämmung der Krankheit immer noch Eltern, die sich vehement gegen eine Impfung ihres Kindes wehren. Diese Leugnung wissenschaftlicher Erkenntnisse, die auf Beweisen beruhen, ist nicht nur keine sinnvolle Art, eine Theorie zu hinterfragen, sondern kann auch die eigene Gesundheit und die anderer gefährden.

Folglich ist kritisches Denken eine wichtige Methode, um Erkenntnis zu erlangen, es sollte jedoch nicht stur auf einer Kritik beharrt werden. Somit sollte Poppers Prinzip der Falsifikation nicht mit unbegründeter Skepsis gleichgesetzt werden. Es ist wichtig, eine bereits bewährte Impfung weiterhin zu überprüfen. Dies sollte allerdings nicht zu einer irrationalen Angst führen. Im Gegenteil: Die fortlaufende Überprüfung der Impfung ist ein wichtiger Teil, um diese noch sicherer zu machen, als sie ohnehin ist.

Abschließend sollten Sie sich selbst vertrauen, jedoch nicht blind. Dabei ist die Reflexion der eigenen Aussagen, genauso wie die anderer Personen, ein bedeutender Schritt, um Vorurteile oder unlogische Argumentation zu entlarven.

KAUSALITÄTEN UND KORRELATION

Haben Sie auch schon einmal eine Aussage gehört wie „Ein erhöhter Käsekonsum tötet"? Meist unterstrichen mit einer Studie, die den Käsekonsum pro Kopf und die Todesrate durch einen bestimmten Unfall nebeneinandersetzt. Dies ist bei einer Zusammensetzung zweier Studien des U.S. Departments of Agriculture und dem Center for Disease Control and Prevention der Fall, wobei erstere die Entwicklung des Käsekonsums von 2000 bis 2009 betrachtet und letztere den Tod durch Verheddern in ihren Bettlaken. In diesem Beispiel ist es recht auffällig, dass es sich um keinen kausalen Zusammenhang handelt. Jedoch gibt es viele solcher absurden Beispiele, in denen genau das geschieht. Eine reißerische Überschrift, die statt einer Korrelation eine Kausalität verspricht.

Die Kausalität ist eine Beziehung zweier oder mehrerer Variablen, die auf dem Prinzip von Ursache und Wirkung beruht. Also bedingen sich die Variablen gegenseitig. Eine Kausalität kann allerdings nicht nur aufgrund einer mutmaßlichen Behauptung angenommen werden. Sie muss empirisch, also durch Experimente, belegt werden. Dabei muss ausgeschlossen werden, dass die Wirkung durch irgendeine andere Ursache als die zu untersuchende hervorgerufen wurde. Ein Beispiel für einen kausalen Zusammenhang wäre: Bei erhöhter Außentemperatur tragen die Menschen dünnere Kleidung.

Dieses Beispiel zeigt auf, dass bei einem kausalen Zusammenhang auch die Zuteilung von Ursache und Wirkung von Bedeutung ist. So bedingt die Temperatur zwar die Kleiderwahl, nicht jedoch andersherum. Jedem ist klar, dass leichtere Kleidung nicht zu höheren Temperaturen führt, dennoch ist es wichtig, die Richtung einer Kausalität nicht aus dem Blick zu verlieren. Das Verständnis von Kausalität ist für den Menschen notwendig, um einzelne Beobachtungen zu einem Gesamtbild zusammenzufügen. Dies erkannte bereits Kant und sprach der Kausalität eine zentrale Rolle in seiner Erkenntnistheorie zu. Gerade, weil die Kausalität eine essenzielle Eigenschaft für das Verständnis der Welt ist, sollten Sie kausale Aussagen gründlich überprüfen.

Eine Korrelation ist lediglich eine Beziehung zwischen zwei Variablen, die sich jedoch nicht beeinflussen müssen. Doch warum wird Korrelation überhaupt verwendet, wenn sie nur einen möglichen, jedoch keinen bewiesenen Einfluss der Variablen aufzeigt? In einigen Bereichen ist es sehr schwer, empirische Untersuchungen auf einen kausalen Zusammenhang durchzuführen. Dies ist zum Beispiel bei Ernährungsstudien der Fall. So kann man den Einfluss eines bestimmten Nahrungsmittels auf die Gesundheit einer bestimmten Gruppe mittels einer Kontrollgruppe testen, es gibt jedoch keine Gewissheit, ob eine verbesserte Gesundheit anschließend wirklich auf dieses spezifische Nahrungsmittel zurückzuführen ist.

Nun, da Sie sich den Unterschied zwischen Kausalität und Korrelation verdeutlicht haben, sollte es Ihnen leichter fallen, diesen auch im Alltag wahrzunehmen. So ist es sinnvoll, eine Aussage, selbst wenn sie durch eine Studie unterlegt wird, auf ihren Zusammenhang zu prüfen und zu hinterfragen, ob die untersuchten Zustände einander wirklich bedingen. Das heißt jedoch nicht, dass Sie die Korrelation schlichtweg missachten sollten. Wie bei den bereits erwähnten Ernährungsstudien ist sie manchmal das beste Mittel, das zur Verfügung steht. Folglich ist es auch ein guter Weg, sich selbst zu verdeutlichen, ob der von Ihnen betrachtete Sachzusammenhang überhaupt empirisch auf Kausalität geprüft werden kann.

KATHARINA PETZOLD

WIE KÖNNEN SIE BESSER ZWISCHEN MEINUNG UND WISSEN DIFFERENZIEREN?

Auch Meinungen sind ein großer Teil unserer Wirklichkeit. Verschiedene Meinungen bilden unterschiedliche Wahrnehmungen und Überzeugungen der Realität. Ein Problem aus unterschiedlichen Blickwinkeln zu betrachten, ist wichtig, um die eigene Position zu hinterfragen und zu überprüfen.

Dabei ist es wichtig, nicht zu vergessen, dass eine Meinung kein Fakt ist. Eine Meinung kann Kritik bekommen und das sollte sie auch, denn eine Meinung ist eine subjektive Sichtweise. Folglich ist sie eine subjektive Aussage, Wissen hingegen eine objektive. So wird eine Meinung häufig durch faktisches Wissen unterlegt, sie selbst ist jedoch nur die Interpretation oder Schlussfolgerung dieser Argumente. Um besser zwischen Meinung und Wissen differenzieren zu können, ist es hilfreich, die Aussage auf eine Interpretation der Fakten zu untersuchen.

Dabei ist es wichtig, unterschiedliche Meinungen zusammenzuführen, um ein schlüssiges Gesamtverständnis des subjektiven Sachverhaltes zu erhalten. Eine Meinung sollte also nicht als Fakt und somit auch nicht als unantastbares Gesamtbild gehandhabt werden. Es ist wichtig, eine Meinung in kleine Teilbereiche zu teilen, um die einzelnen Argumente auf ihre Schlüssigkeit zu untersuchen und eventuelle Gegenargumente anzuführen. Dabei können Sie sich an Descartes' methodischem Zweifel orientieren.

Diese Methode wurde zwar nicht für Meinungen entwickelt, bietet jedoch eine hilfreiche Orientierung, um die Rechtfertigung dieser Meinung zu überprüfen. Durch das analytische Vorgehen des methodischen Zweifels können Sie die entsprechende Meinung leichter aufschlüsseln und nachvollziehen. Dabei erweist es sich als hilfreich, zwischen Kausalität und Korrelation zu unterscheiden. Diese werden bei der Interpretation von Argumenten häufig verwechselt. So wird noch einmal das Beispiel des tötenden Käses betrachtet: Hierbei handelt es sich klar um eine Interpretation von zwei separierten Fakten.

Nach Aufschlüsselung in die beiden Teilprobleme werden zunächst der erhöhte Käsekonsum und die erhöhte Todesrate durch anerkannte Studien bestätigt. Führen Sie die beiden nun jedoch zusammen, fällt auf, dass keine logische Begründung für die Vernetzung der beiden Einzelsätze besteht. Dieses Beispiel ist jedoch leider kein Einzelfall. In den meisten Meinungen scheitert es an einer logischen Zusammenführung zweier Teilaspekte zu einem Gesamtbild. Dies ist also ein Aspekt, den Sie, wenn Sie eine Meinung hinterfragen, besonders berücksichtigen sollten. Außerdem sollten Sie immer auf die Quellen der faktenbasierten Argumente achten.

WIE SIE IHR LEBEN VON UNERWÜNSCHTEM HALBWISSEN BEFREIEN

Neben unschlüssigen, ungerechtfertigten Meinungen und Vorurteilen sind auch Glaubenssätze ein unerwünschter Teil des Halbwissens, der Ihr Leben beeinflusst. Auch diese unerwünschten Glaubenssätze, die sich teilweise aus Vorurteilen gebildet haben, können Sie überwinden. Alles, was Sie dafür benötigen, ist etwas Selbstdisziplin und Durchhaltevermögen. Im Folgenden werden Sie eine Methode kennenlernen, mit welcher es Ihnen gelingt, Ihr Leben nicht mehr von unerwünschten Unwahrheiten führen zu lassen und diesen zusätzlich präventiv entgegenzuwirken.

Der erste Schritt ist es, diese Glaubenssätze beziehungsweise Vorurteile zu identifizieren. Dafür sollten Sie sich zunächst fragen, welche Glaubenssätze Sie in

Ihrem alltäglichen Leben begleiten. Welche Gedanken wandern immer wieder durch Ihren Kopf, ohne dass Sie diese durch stichhaltige Argumente belegen können? Dabei zählt eine einzige negative Erfahrung nicht als stichhaltiger Beweis.

Zudem sollten Sie sich rückblickend fragen, ob einige Ihrer negativen Erfahrungen wirklich so negativ waren, wie Sie sie abgespeichert haben. So kann es sein, dass der reiche Kommilitone, den Sie im Studium getroffen haben, gar nicht so arrogant war. Sie haben ihn nur als solches interpretiert, da der Glaubenssatz, dass Geld den Charakter verdirbt, bereits durch einen arroganten Mitschüler aus der Mittelstufe in Ihr Unterbewusstsein programmiert wurde. Eine solche Beobachtung der eigenen Gedanken zeigt für gewöhnlich viele Glaubenssätze oder auch Vorurteile auf.

Deshalb ist es hilfreich, zunächst einen Lebensbereich zu wählen, in dem Sie Ihren dominierenden Glaubenssatz revidieren und einen zielführenden Weg beschreiten möchten. So sollten Sie in diesem Bereich gezielt nach Glaubenssätzen und Fehlinformationen Ausschau halten und Ihre Handlungen aktiv hinterfragen. Dabei wird Ihnen auffallen, dass sich Ihre Gedanken auf eine bestimmte Annahme stützen, die Sie über sich selbst gemacht haben.

Um dieses Vorgehen genauer zu erläutern, möchte ich es Ihnen an einem Beispiel erklären. Sind Sie beispielsweise ein sehr gestresster Mensch und es fällt Ihnen schwer, sich zu entspannen, Sie verspüren ständig den Drang, weiter an sich zu arbeiten, um schneller, besser und effektiver zu werden, dann handeln Sie vielleicht nach dem Glaubenssatz „ohne Fleiß, keinen Preis".

Haben Sie diesen Glaubenssatz identifiziert, so ist es empfehlenswert, zunächst einmal zu hinterfragen, woher diese Annahme kommt und ob sie zutreffend ist. Zur Überprüfung des Glaubenssatzes können Sie sich erneut an Descartes' methodischem Zweifel orientieren und somit Ihren Glaubenssatz nach kleinen Anpassungen, zur Erhöhung der Zweckmäßigkeit, mit dieser analytischen Methode überprüfen.

Dazu zerteilen Sie Ihren Glaubenssatz und überprüfen die einzelnen Aussagen. Dabei achten Sie jedoch nicht auf die Klarheit und Deutlichkeit im Sinne Descartes', Sie suchen vielmehr nach Erfahrungen, die eine Ursache für diesen Glaubenssatz sein können und nach rationalen Argumenten, die diesen Glaubenssatz widerlegen. Dabei ist es wichtig, dass Sie bewusst vorgehen, denn wenn Sie sich unbewusst mit dieser Frage nach der Richtigkeit auseinandersetzen, wird der

Glaubenssatz sich selbst bestätigen. Da dieser Glaubenssatz fest in Ihrem Unterbewusstsein verankert ist, gibt es Argumente, die diesen untermauern. Wenn Sie diese Argumente bewusst betrachten, werden Sie feststellen, dass es sich dabei um irrationale Annahmen handelt. Ihr Unterbewusstsein differenziert in diesem Fall jedoch nicht auf die gleiche Weise wie Ihr Bewusstsein und gibt sich mit diesen irrationalen Argumenten zufrieden, da Sie bequem und einfach zu dem Glaubenssatz passen, den Sie schon so lange verfolgen.

Meist liegt der Ursprung eines Glaubenssatzes in Ihrer Kindheit begründet. Dabei kann es sein, dass er beispielsweise durch eine unbedarfte Aussage eines Familienmitgliedes oder durch die unreflektierte Aussage eines Mitschülers hervorgerufen worden ist. Um dies zu veranschaulichen, stellen Sie sich noch einmal vor, ein Kind zu sein. Es ist wunderschönes Wetter und Sie möchten draußen mit Ihren Freunden spielen.

Am nächsten Tag findet jedoch eine Klassenarbeit statt, für die Sie noch nicht ausreichend gelernt haben. Doch die Sonne scheint so stark wie schon lange nicht mehr und Ihre Freunde scheinen so viel Spaß zu haben, dass Sie kurzerhand beschließen, nicht weiter für die Klassenarbeit zu lernen. Mit dem Gedanken, dass Sie das schon schaffen werden, verbringen Sie einen schönen Nachmittag. Nun ist die Arbeit doch nicht so einfach wie erwartet und Sie fallen durch. Auf die Frage Ihrer Eltern, wie das denn passieren konnte, geben Sie kleinlaut zu, dass Sie nicht genug gelernt hätten, weil das Wetter so gut gewesen sei. Daraufhin antworten Ihre Eltern, dass das Leben nun mal kein Ponyhof sei und Sie sich mehr anstrengenden müssten, um im Leben etwas zu erreichen, es sei schließlich nicht als selbstverständlich anzunehmen, dass Sie so ein sorgloses Leben führten, das sei alles harter Arbeit zu verdanken.

Für einige ist das lediglich ein schlechter Tag, ein Ausrutscher, andere Kinder hingegen bauen aus einer solchen Erfahrung einen negativen Glaubenssatz auf. Diesen Glaubenssatz sehen Sie dann immer wieder bestätigt, sobald Sie Ihren eigenen Ansprüchen oder den Ansprüchen anderer nicht genügen, da Sie sich selbst als Begründung anführen, dass Sie einfach nicht hart genug gearbeitet hätten.

Und irgendwann glauben Sie so fest daran, dass Erfolg nur dann entsteht, wenn Sie sehr viel dafür tun, dass Sie dabei eventuell Ihre Gesundheit und auch die Verhältnismäßigkeit aus den Augen verlieren. Sollten Sie doch einmal Erfolg haben, der nicht mit sehr viel Aufwand verbunden war, so wird dies genau wie bei

Vorurteilen als eine Ausnahme abgestempelt. Glaubenssätze können demnach als Vorurteile gegenüber der eigenen Person beschrieben werden und somit sollten Sie bei Vorurteilen gegenüber anderen ebenfalls nach dem Ursprung dieser suchen. An diesem Beispiel wird deutlich, dass Glaubenssätze nicht zwingend auf den ersten Blick negativ scheinen, es geht vielmehr um das, was diese Glaubenssätze in Ihrem Leben verändern.

So ist ein beliebter Spruch auf Geburtstagskarten „bleib so wie du bist", doch wenn sich dieser Spruch als Glaubenssatz in Ihr Unterbewusstsein einschleicht, könnte dies zu einer Abneigung gegenüber der Weiterentwicklung Ihrer Persönlichkeit führen. Und wem gefällt schon die Vorstellung, mit 30 noch auf dem gleichen intellektuellen Niveau zu sein wie das 16-jährige Selbst oder nicht aus den eigenen Fehlern lernen zu können, denn auch Letzteres erfordert die persönliche Weiterentwicklung.

Nun wissen Sie also, wie Ihr Glaubenssatz oder Vorurteil entstanden ist und es geht darum, diese unterbewussten Sätze zu beseitigen. Das ist allerdings nicht so einfach, da Sie nicht einfach etwas aus Ihrem Unterbewusstsein entfernen, geschweige denn kontrollieren können. Was Sie aber tun können, ist, Ihre

Gedanken in gewisser Weise zu kontrollieren. Um Ihre Gedanken zu kontrollieren, gibt es einige Methoden. So sollten Sie Ihre Handlungen bewusst mit Blick auf dieses bestimmte Vorurteil oder den Glaubenssatz hinterfragen, indem Sie sich selbst nach der Ursache Ihres Handelns fragen. Und wenn Sie in eine Situation kommen, in der Sie nach Ihrem Glaubenssatz handeln, sollten Sie einen Moment innehalten und versuchen, die Situation aus einem neuen Blickwinkel zu betrachten.

Betrachten Sie nun das Beispiel des geringen Selbstwertgefühls, das sich in dem weitverbreiteten Glaubenssatz „ich bin ein Versager" widerspiegelt. Würden Sie mit diesem Glaubenssatz zu einem Vorstellungsgespräch gehen, so wären Sie voller Angst, Ihren Eltern danach gestehen zu müssen, dass es nicht funktioniert hat. Sie würden bereits davon ausgehen, dass Sie gar keine echte Chance haben, den Job zu bekommen, und diese Angst würden Sie ausstrahlen. Sie würden einen panischen Eindruck auf Ihren möglichen künftigen Arbeitgeber machen und dieser würde Sie als unsicher einstufen.

Somit würde es für Sie, trotz beruflicher Kompetenz, äußert schwer werden. Statt also der Angst des Versagens Raum zu geben, sollten Sie versuchen, die negativen Gedanken durch positive zu ersetzen. Dabei sollten Sie auf eine positive Formulierung achten. So wäre „ich werde nicht versagen" kein guter Ersatz. Sie sollten sich vielmehr Ihre Kompetenzen vor Augen führen. Es ist hilfreich, sich diese Situationen in Kombination mit dem Gegenteil des Glaubenssatzes bildlich vorzustellen. Einmal angenommen, Sie sind sehr einfühlsam, dann stellen Sie sich vor, wie Sie einer Person durch Ihre Einfühlsamkeit weitergeholfen haben.

Diese Vorstellung ist umso effektiver, je detaillierter sie ist, denn dann ruft diese Erinnerung ein positives Gefühl in Ihnen aus. Diese positive Einstellung strahlen Sie nun aus und Sie haben Ihren Glaubenssatz zumindest für diesen kurzen Moment überwunden. Selbstverständlich ist diese Methode nur in bestimmten Situationen einsetzbar, sie ist sehr anstrengend und benötigt die zuvor erwähnte Disziplin und Ausdauer.

Allerdings wird sie einfacher, je häufiger Sie Ihren Glaubenssatz überwunden haben. Zum einen ist die Selbstdisziplin wie ein Muskel, der jedes Mal trainiert wird, wenn er benutzt wird. Zum anderen wird der Glaubenssatz mit der Zeit langsam aus Ihrem Unterbewusstsein radiert. Denn auch unsere bewussten Gedanken beeinflussen unser Unterbewusstsein zwar nicht unmittelbar, indirekt jedoch durchaus. Des Weiteren wird Ihr Unterbewusstsein nicht nur von Ihren

Gedanken, sondern auch durch Ihre Handlungen beeinflusst. Deshalb sollten Sie sich selbst in Situationen begeben, in denen Sie Ihrem Glaubenssatz entgegenhandeln können.

Auch Ihr Umfeld hat einen großen Einfluss auf Ihr Unterbewusstsein. Demzufolge ist es sinnvoll, Ihr Umfeld, also Ihre Freunde und Familie, Ihren Arbeitsplatz und auch Ihre konsumierten Medien auf Umstände zu prüfen, die in Ihnen den unerwünschten Glaubenssatz hervorrufen und Ihnen ein schlechtes Gefühl vermitteln. Schauen Sie beispielsweise jeden Abend eine Fernsehsendung im Castingformat, so ist es bei einigen Sendern so, dass die konsistente Erniedrigung der Kandidaten fester Bestandteil der Show ist. Solch eine Sendung sollten Sie meiden, wenn Sie sich selbst als Versager sehen.

Denn es suggeriert Ihrem Unterbewusstsein, dass das vollkommen normal ist. Jedoch wäre auch das Gegenbeispiel nicht empfehlenswert. Wenn Sie in Büchern immer wieder von sehr erfolgreichen Leuten lesen, kann Ihnen durch den Vergleich bestätigt werden, dass Sie weniger erfolgreich sind. Statt Sie zu motivieren, ebenfalls besser zu werden, wie es bei den meisten Menschen ohne Versagensangst der Fall wäre, würde Ihr Glaubenssatz bekräftigt werden.

Es ein großer Schritt, sich von Ihren alten Glaubenssätzen zu befreien, der einige Zeit in Anspruch nimmt. Nun könnten Sie sich zu Recht fragen, ob diese aufgelösten Glaubenssätze durch neue ersetzt werden können und somit Ihre mühevolle Arbeit völlig umsonst wäre.

Zunächst entstehen die meisten Glaubenssätze bereits in der Kindheit. Kinder sind beeinflussbarer als Erwachsene. Erst mit Beginn der Pubertät beginnt auch das aktive Hinterfragen der eigenen Persönlichkeit. So nehmen Sie als Kind viele Aussagen Ihrer Eltern als selbstverständlich an und hinterfragen diese nicht mit dem nötigen kognitiven Verständnis, um die Ursache der Kritik oder die bloße Bemerkung richtig einzuordnen. Diese in der Kindheit angesetzten Glaubenssätze können Ihr Leben lang befürwortet und somit verstärkt werden, sofern Sie diese nicht auflösen. Es ist jedoch deutlich einfacher, keine neuen Glaubenssätze entstehen zu lassen, da Sie als Erwachsener über eine ausreichende kognitive Entwicklung verfügen, um diese Glaubenssätze bereits im Keim zu ersticken.

Dabei kann Ihnen eine Art Tagebuch helfen, in dem Sie eine tägliche Reflexion Ihrer eigenen Erfahrung durchführen. Diese Selbstreflexion wird Ihnen zeigen, welche Erfahrungen zu neuen Glaubenssätzen führen können. Im Anschluss müssen Sie diesen nur noch präventiv entgegenwirken. Um ein solches Selbstreflexionstagebuch zu führen, sollten Sie sich zunächst eine Routine aufbauen.

Dafür könnten Sie sich jeden Abend vor dem Zubettgehen oder nach dem Abendessen an einen bestimmten Ort zurückziehen und Ihren Tag reflektieren. Dabei ist es sinnvoll, immer den gleichen Ort und die gleiche Zeit zu wählen, denn dadurch wir Ihre Routine gefestigt. Um eine Gewohnheit aufzubauen, werden ca. 30 Tage benötigt, es ist also wichtig, dass Sie die ersten 30 Tage konsequent am Ball bleiben und nicht aufgeben. Sollten Sie Probleme damit haben, sich jeden Abend zu motivieren, könnte es daran liegen, dass Sie Ihr Ziel nicht mehr klar vor Augen haben.

Wenn sich ein solches Motivationstief einstellt, dann machen Sie sich noch einmal bewusst, wozu Sie diese Reflexion durchführen. Stellen Sie sich aktiv vor, was Ihre bereits ausradierten Glaubenssätze in Ihrem Leben verändert haben und was seitdem in Ihrem Leben besser geworden ist. Möchten Sie sich die Chance nehmen, dieses Glück in Ihrem Leben zu behalten? Wenn die Routine nach dieser Zeit etabliert ist, werden

Sie kaum noch Selbstdisziplin benötigen, um die Reflexion durchzuführen.

Nun sitzen Sie an einem ruhigen Ort und haben Stift und Papier bereitgelegt. Dann können Sie beginnen. Zunächst betrachten Sie Ihre Stimmung. Geht es Ihnen im Allgemeinen gut oder schlecht und in welchem Ausmaß liegt diese Stimmung vor? Notieren Sie diese Grundstimmung zusätzlich zum Datum in Ihrem Tagebuch. Im nächsten Schritt fragen Sie sich, was Ihnen am heutigen Tag widerfahren ist, das Ihre Stimmung gedrückt hat. Wenn Ihre Stimmung durchweg positiv ist, dann notieren Sie sich die Gründe für Ihre gute Laune und genießen den restlichen Abend. An diesem Tag ist Ihnen nichts widerfahren, dass unverzüglich einen neuen Glaubenssatz auslöst und rückblickend führen gute Tage zu einer gestärkten Motivation.

Leider gibt es an den meisten Tagen jedoch etwas, das Sie beschäftigt, eine negative Erfahrung, auch wenn Sie sehr klein war, die Sie einfach nicht loslässt. Eine solche Erfahrung kann in vielen Dingen stecken. So kann es sich um eine Meldung in den Nachrichten handeln, die von einem Terroranschlag berichtet. Wenn Sie nach einer solchen Meldung überlegen, ob Sie vielleicht Ihren Ausflug ins Fußballstadion absagen sollten, weil die Gefahr besteht, dass sich dort ebenfalls ein Anschlag ereignet, so nimmt diese Erfahrung definitiv zu viel Platz in Ihrem Leben ein. Sie könnte in Ihnen den Glaubenssatz entstehen lassen, dass die Welt kein sicherer Ort ist. Denn selbst, wenn dieser wahr sein könnte, behindert es Ihr Leben maßgeblich, wenn Sie sich nach ihm richten.

Nun haben Sie diese Angst erkannt und sollten sich Ihre Irrationalität bewusst machen. Notieren Sie diese Angst auf der Tagebuchseite und formulieren Sie das Gegenteil des möglichen, zukünftigen Glaubenssatzes darunter. Nun begründen Sie diesen positiven Glaubenssatz mit drei Argumenten. Im Beispiel des Terroranschlags könnte Ihre Seite nun wie folgt aussehen:

---

11. September 2001

Stimmung: eher gedrückt

Grund für die Stimmung: Heute hat sich in den USA ein Terroranschlag zugetragen und jetzt habe ich Angst, dass das auch mir oder meinen Angehörigen widerfahren könnte.

Positiver Glaubenssatz: Es bringt nichts, sich nach dieser Angst zu richten, denn die Welt ist ein sicherer Ort.

Warum sollte die Welt trotz Terroranschlägen sicher sein:

1. Jeder Terroranschlag löst Angst im Menschen aus, nicht aber jeder Autounfall. Die Zahl der Todesopfer, die bei einem Autounfall ums Leben kommen, ist deutlich höher als die durch einen Terroranschlag verursachten Todesfälle. Würden Sie deswegen nicht mehr mit dem Auto fahren? Nein. Warum also sollten Sie Ihr Leben durch den Terror leiten lassen?

2. Gibt es mehr Terroranschläge als früher oder ist das bloß ein Eindruck Ihrer subjektiven Realität, der durch die Medien verstärkt wird?

3. In vielen Erste-Welt-Ländern werden an Flughäfen Kontrollen durchgeführt, um terroristischen Anschlägen vorzubeugen. Diese Prävention ist jedoch nicht gleichzusetzen mit einer erhöhten Gefahr. Sie verringert lediglich das Risiko eines erneuten Anschlags und macht die Welt somit etwas sicherer.

Dabei handelt es sich nicht nur um bloße Behauptungen. Die Zahl der Terroranschläge hat in den letzten Jahrzehnten weltweit zugenommen, jedoch nicht in den Ländern der ersten Welt. In diesen ist die Zahl der

Anschläge pro Jahr deutlich zurückgegangen. Im Jahr 2018 sind beispielsweise 22.987 Menschen einem Terroranschlag zum Opfer gefallen, davon stammen nur 25 aus Europa, das sind also 0,00001 %. Doch warum wird durch westliche Medien ein anderes Bild vermittelt? Da sind wir wieder bei einem Aspekt der Erkenntnistheorie angelangt, so müssen die Medien als Informationsquelle hinterfragt werden. Nicht immer geschehen mediale Berichterstattungen auf eine objektive Art und Weise. Somit sollten Sie bei einer Angst, die durch die Medien ausgelöst wird, unbedingt mehrere Quellen zurate ziehen. So ist im Fall des Terrorismus die „Global Terrorism Database" zu empfehlen.

Somit hätten Sie diesen Glaubenssatz bereits im Keim erstickt. Sollten Sie erneut durch einen Trigger auf diesen zurückgeführt werden, so haben Sie bereits die Argumente, um sich Ihrer Angst entgegenzustellen. Dabei ist es vor allem wichtig, diese Argumente nicht nur aufzuschreiben, sondern auch nach Ihnen zu leben. Sollten Sie geneigt sein, Ihr Leben der Angst vor Terrorismus zu beugen, so verabreden Sie sich mit jemandem zu einem großen Event, wie dem oben erwähnten Stadionbesuch oder einem Konzert. Somit stellen Sie sich der Angst und beweisen sich selbst, dass Sie an Ihre Argumente glauben. Denn nicht zu unterschätzen ist, dass nicht nur Ihre Gedanken, sondern auch Ihre Handlungen einen großen Einfluss auf das Unterbewusstsein haben.

Ein Trigger für einen neuen Glaubenssatz kann genauso gut etwas weniger Handfestes wie eine Bemerkung Ihres Chefs sein. Solchen negativen Erfahrungen sollten Sie jedoch ebenfalls Beachtung schenken. Sie sind genauso wichtig wie die Angst vor Terrorismus. Auch hier ist es wichtig, die Behauptung einer anderen Person zu reflektieren. Ist die Kritik gerechtfertigt oder nicht? Ist Ersteres der Fall, sollten Sie sich die Kritik zu Herzen nehmen und darüber nachdenken, ob Sie Ihr Verhalten diesbezüglich ändern wollen. Ist die Kritik jedoch nicht gerechtfertigt oder es betrifft gar nicht diese konkrete Bemerkung, sondern vielmehr das Gefühl, das sie in Ihnen auslöst, so gilt es, den möglichen Glaubenssatz erneut zu identifizieren und zu entkräften.

Zusätzlich zu der täglichen Reflexion ist es ratsam, alle zwei Wochen Ihre Notizen rückblickend zu betrachten. Hier kann es hilfreich sein, die von Kant betonte Kausalität zu berücksichtigen. Haben einige Erfahrungen die gleiche Ursache und fällt Ihnen vielleicht ein Muster auf? Wenn Ihre Stimmung immer wieder von einem bestimmten Thema gedrückt wird, könnte es sein, dass sich dieser Glaubenssatz bereits eingeschlichen hat und Sie ihn nur noch nicht bemerkt haben. Ist dies der Fall, gilt es, ihn mit der bereits beschriebenen Methode aufzulösen. Fällt Ihnen hingegen auf, dass eine bestimmte Person negative Gefühle in Ihnen hervorruft, könnte das ein Indiz für eine ungesunde Beziehung zu dieser Person sein.

In diesem Fall ist es ratsam, ein Gespräch zu suchen und eventuelle Differenzen zu klären. Ist es hingegen ein bestimmter Ort, der diese Gefühle triggert, so ist es hilfreich, sich zu fragen, was Sie mit diesem Ort verbindet und welcher Glaubenssatz durch diesen Ort oder Ihre Verbindung zu ihm hervorgerufen werden könnte. Fällt Ihnen also ein solches Muster auf, so können Sie durch die deduktive Methode des Rationalismus bereits im Voraus Situationen ausfindig machen, die einen negativen Glaubenssatz in Ihnen auslösen. Mit einer solchen Prognose können Sie die Situation bewusst wahrnehmen und sofort mit entsprechenden Argumenten entkräften. Durch diese deduktive Prognose verhindern Sie also, dass der Glaubenssatz in Ihrem Unterbewusstsein als solcher wahrgenommen wird.

Alles in allem sind Skepsis und Reflexion geeignete Helfer, um den Alltag so objektiv wie möglich zu betrachten. Dabei sollten Sie bei der Selbstreflexion und der Betrachtung Ihrer Umwelt nicht vergessen, dass nicht jede Skepsis begründet ist. Um eine gerechtfertigte Skepsis zu identifizieren, sollten Sie sich fragen, welches Argument oder welcher Beweis vorgelegt werden muss, um Sie vom Gegenteil zu überzeugen. Wenn es für Sie keinen Beweis gäbe, dann sollten Sie Ihre eigene Skepsis nochmals gründlich hinterfragen.

Herstellung und Verlag:

BoD – Books on Demand, Norderstedt

ISBN: 9783754308035

1. Auflage

Kontakt: Psiana eCom UG/ Berumer Str. 44/ 26844 Jemgum

Covergestaltung: Fenna Larsson

Coverfoto: depositphotos.com